I0832926

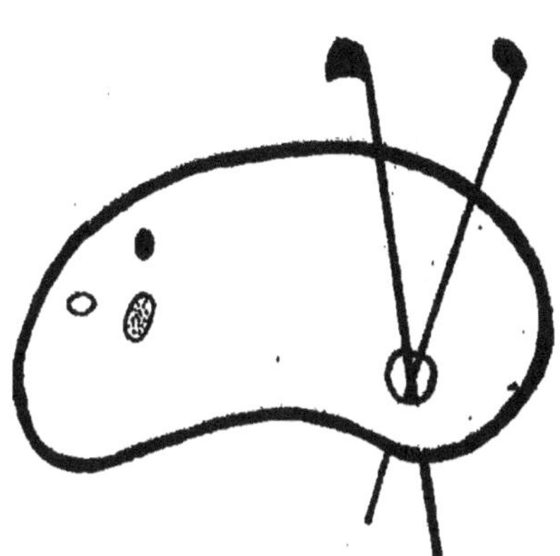

1859 - (Décembre 24 hre) 9 f. prix -

COLLECTION DE M. G***

# TABLEAUX

## MODERNES

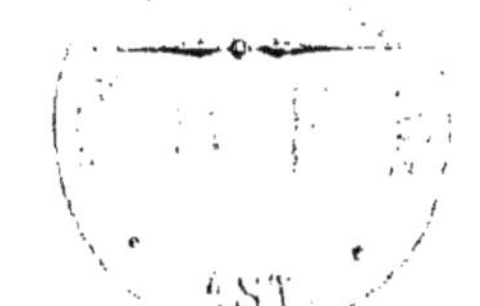

EXPOSITION le 23 Décembre 1859, à 1 heure

VENTE

Le Samedi 24 Décembre 1859, à 2 heures et demie

Me Eugène ESCRIBE, Commissaire-Priseur.
M. Francis PETIT, Expert.

RENOU ET MAULDE
IMP. DE LA COMPAGNIE DES Cres-PRISEURS
rue de Rivoli, 144.

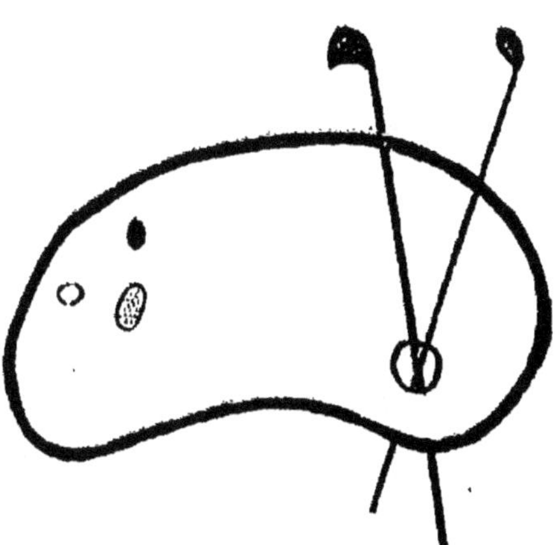

FIN D'UNE SÉRIE DE DOCUMENTS
EN COULEUR

# CATALOGUE

DE

# TABLEAUX

## MODERNES

ET D'UNE

**CHARMANTE STATUETTE EN MARBRE**

Provenant de la Collection de M. G***

DONT LA VENTE AURA LIEU

HOTEL DROUOT, 5

SALLE N° 5, AU PREMIER

**Le Samedi 24 Décembre 1859**

A 2 HEURES 1/2 PRÉCISES

Par le ministère de M. **EUGÈNE ESCRIBE**, Commissaire-Priseur,
Successeur de MM. POUCHET et RIDEL,
217, rue Saint-Honoré,

Assisté de M. **Francis PETIT**, Expert, rue de Provence, 43,

*Chez lesquels se distribue le présent Catalogue.*

**EXPOSITION PUBLIQUE**

Vendredi

LE ~~JEUDI~~ 23 DÉCEMBRE 1859, DE 1 HEURE A 5 HEURES.

PARIS

—

1859

## CONDITIONS DE LA VENTE

Elle sera faite au comptant.

Les acquéreurs paieront, en sus des adjudications, cinq pour cent, applicables aux frais.

# TABLEAUX

### BARON

1 — Mère et nourrice.

H. 17 c. L. 12 c.

### BARON

2 — Baigneuses.

H. 17 c. L. 12 c.

### ROSA BONHEUR

3 — Cheval effrayé par l'orage.

H. 24 c. L. 32 c.

### AUGUSTE BONHEUR

4 — Paysage des Vosges.

H. 27 c. L. 44 c.

## CHAPLIN

5 — Petite fille de ferme.

H. 18 c. L. 12 c.

## CHAVET

6 — Les Souvenirs.

H. 18 c. L. 14 c

## CHAVET

7 — Intérieur d'atelier.

H. 24 c. L. 40 c.

## COUTURE

8 — Un Souper après le bal.

H. 33 c. L. 40

## COUTURE

9 — Le Juge.

H. 40 c. L. 47 c.

## COUTURE

10 — La Courtisane moderne.

« O beauté vénale ! jadis tu faisais des martyrs et « des héros, tu ne fais plus que des esclaves et des « laquais. O courtisane dégénérée ! Enfant gâtée de « ma portière ! Qu'as-tu fait de la poésie, de la ri- « chesse, de la jeunesse et du courage qui te servaient « d'escorte autrefois ? ..... un attelage. »

(*Un anonyme*).

H. 20 c. L. 41 c.

## DECAMPS

11 — Le Rémouleur.

H. 25 c. L. 19 c.

## DIAZ

12 — Galathée.

H. 32 c. L. 23 c.

## DIAZ

13 — Jeune fille jouant avec deux chiens.

H. 23 c. L. 20 c.

## DIAZ

14 — Une futaie.

H. 22 c. L. 16 c.

## DUPRÉ (JULES)

15 — Paysage ; le Chariot.

H. 17 c. L. 22 c.

## DURAND-BRAGER

16 — Petit port en Picardie.

H. 17 c. L. 27 c.

## FAUVELET

17 — Un peu de musique.

H. 27. L. 21 c.

## FAUVELET

18 — Le Terrier.

H. 17 c. L. 28 c.

## FAUVELET

19 — Au retour du jardin.

H. 24 c. L. 15 c.

### FRÈRE (TH.)

20 — Halte de dromadaires au bord du Nil. (Haute Égypte.)

H. 21 c. L. 38 c.

### FRÈRE (TH.)

21 — Mosquée de Boulack.

H. 21 c. L. 38 c.

### FRÈRE (TH.)

22 — L'Acropole d'Athènes.

H. 12 c. L. 17 c.

### GUILLEMIN

23 — La Cruche cassée.

H. 28 c. L. 22 c.

### GUILLEMIN

24 — Béarnaise.

H. 26 c. L. 19 c.

### HERBSTHOFFER

25 — Le Combat dans la montagne.

H. 16 c. L. 10 c.

## HAMON

26 — Charles IX.

H. 25 c. L. 20 c.

## ISABEY

27 — Les Baigneurs. Marine.

H. 27 c. L. 12 c.

## ISABEY

28 — Promenade sur la plage.

H. 20 c. L. 27 c.

## ISABEY

29 — Marine.

H. 12 c. L. 20 c.

## JACQUE

30 — Le Soir à la ferme.

H. 31 c. L. 8 [illegible]

## PÉCRUS

31 — L'Écrin de perles.

H. 16 c. L. 12 c.

## ROQUEPLAN

560. 32 — Paysage hollandais.

H. 17 c. L. 25 c.

## ROUSSEAU (PH.)

210. 33 — Basse-cour.

H. 19 c. L. 25 c.

## ROUSSEAU (PH.

34 — Fleurs dans un chapeau.

H. 18 c. L. 27 c.



## SABATIER

120. 35 — Au Veyrier.

H. 12 c. L. 25 c.

## STEVENS (ALFRED)

1000. 36 — Jeune Femme lisant une lettre.

H. 27 c. L. 21 c.

## TROYON

625. 37 — Le Retour.

H. 25 c. L. 35 c.

## TROYON

38 — Vache et Anon.

H. 24 c. L. 34 c.

## ZIEM

640. 39 — Vue d'Italie.

H. 30 c. L. 42 c.

235. 40 — Une Baigneuse. Statuette en marbre, attribuée à Falconnet.

Total de la vente
près de 23,000f. –

Renou et Maulde, imprimeurs de la Compagnie des Commissaires-Priseurs,
rue de Rivoli, 144. 6693

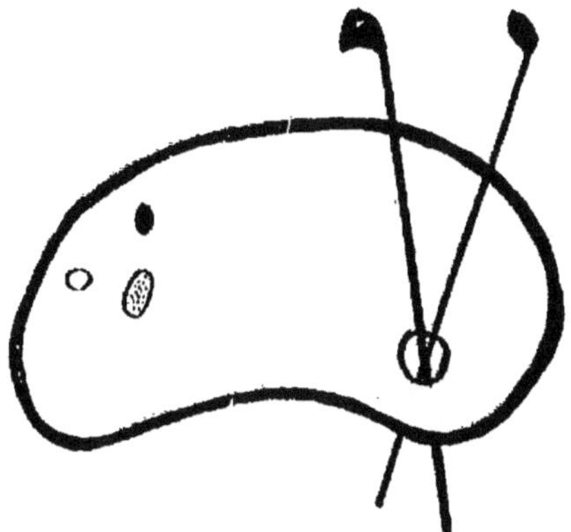